ADIVINANZA

EN MI CARPA, QUE ES GIGANTE,
ENTRAN NIÑOS Y MAYORES.
¡SON LOS ESPECTADORES!
VAN A VER LAS ACTUACIONES
DE TODOS LOS ARTISTAS
QUE TRABAJAN EN LA PISTA.

¿QUÉ SOY?

NOMBRE: FECHA:

Ficha 1

- Escucha y aprende la adivinanza.
- Colorea el dibujo que representa la solución de la adivinanza.

DIBUJO DE UN CIRCO

(ANTES DEL PROYECTO)

NOMBRE: FECHA:

Ficha 2

• Dibuja cómo crees que es un circo.

¿QUÉ SABEMOS?

•

•

NOMBRE: FECHA:

Ficha 3

- ¿Qué sabes del circo? Conversa con tus compañeros sobre las cosas que conocéis.
- Pega en la página el listado de las cosas que sabéis acerca del circo.

¿QUÉ QUEREMOS SABER?

-
-

NOMBRE: FECHA:

Ficha 4

- Conversa con todo el grupo de clase sobre las cosas que queréis aprender del circo.
- Pega en la página el listado de las cosas que os gustaría saber.

EL CIRCO

C	I	R	C	O

NOMBRE: FECHA:

Ficha 5

- Observa y describe la imagen: ¿Qué es?
- Fíjate en las letras que forman la palabra CIRCO dentro del camión.
- Repasa las letras con los mismos colores que el modelo.

EL CIRCO SE INSTALA

NOMBRE: FECHA:

Ficha 6

- Observa las imágenes y descríbelas: ¿Qué lugares aparecen? ¿Cómo son? ¿Has estado alguna vez en ellos?
- Coloca la pegatina en el lugar más adecuado para que el circo se instale.

PEGATINA

HAY QUE MONTAR LA CARPA

NOMBRE: FECHA:

Ficha 7

- Observa las imágenes: ¿Qué estarán haciendo las personas que están trabajando? ¿Dónde se ve la carpa ya montada?
- Colorea el marco de la escena que muestra quiénes entrarán en la carpa para ver la función.

LA VIDA EN EL CIRCO

NOMBRE: FECHA:

Ficha 8

- Observa la imagen: ¿Sabes qué es? ¿Qué crees que habrá dentro?
- Busca en la escena los elementos del lateral y rodéalos.
- Pica la puerta de la caravana y pliégala por la línea azul para ver quién está dentro.
- Da la vuelta a la ficha para saber cómo es la caravana por dentro.

LA PISTA

NOMBRE: FECHA:

Ficha 9

- Observa la imagen y descríbela: ¿Qué lugar es este? ¿Qué cosas ves?
- Mezcla sal con polvo de tiza color amarillo. Extiende pegamento en la pista y espolvorea la mezcla para hacer la arena.

Nota. También se puede usar pan rallado o serrín.

LOS ARTISTAS ENSAYAN MUCHO

NOMBRE: FECHA:

Ficha 10

- Observa las imágenes y descríbelas: ¿Qué está lanzando el malabarista en la primera imagen? ¿Qué le pasa en la segunda imagen? ¿Y en la tercera? ¿Crees que logrará hacer bien el número si practica mucho?
- Pega el troquelado con la imagen que muestra cómo le saldrá su número al malabarista si practica mucho.

TROQUELADOS

CANCIÓN

HABÍA UNA VEZ UN CIRCO

HABÍA UNA VEZ UN CIRCO
QUE ALEGRABA SIEMPRE EL CORAZÓN.
LLENO DE COLOR, UN MUNDO DE ILUSIÓN
PLENO DE ALEGRÍA Y EMOCIÓN.

HABÍA UNA VEZ UN CIRCO
QUE ALEGRABA SIEMPRE EL CORAZÓN.
SIN TEMER JAMÁS AL FRÍO O AL CALOR,
EL CIRCO DABA SIEMPRE SU FUNCIÓN.

SIEMPRE VIAJAR, SIEMPRE CAMBIAR.
PASEN A VER EL CIRCO,
OTRO PAÍS, OTRA CIUDAD.

E. ARAGÓN

NOMBRE: FECHA:

Ficha 11

- Escucha y aprende la canción *Había una vez un circo.*
- Colorea libremente el dibujo.

¡VAMOS AL CIRCO!

NOMBRE: FECHA:

Ficha 12

- Observa la escena y descríbela: ¿Qué crees que hará la familia de la escena? ¿Dónde está la entrada del circo? ¿Dónde se compran las entradas? ¿Y las palomitas?
- Encuentra y rodea en la escena los elementos de la parte inferior de la ficha.

¡QUE EMPIECE LA FUNCIÓN!

NOMBRE: FECHA:

PEGATINAS

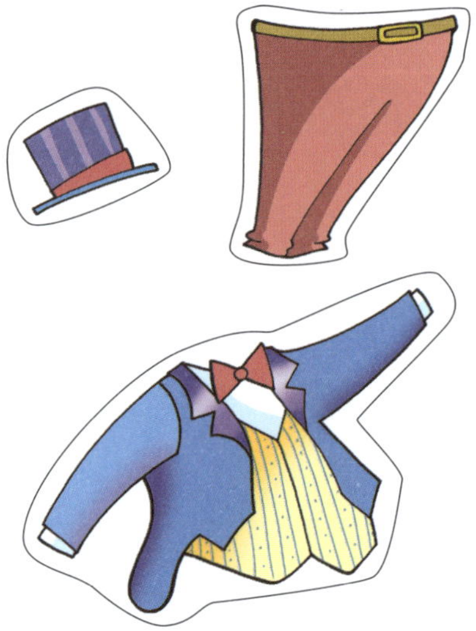

Ficha 13

- Observa el personaje y descríbelo: ¿Quién crees que es? ¿Qué le falta?
- Viste al presentador con las pegatinas.
- Rodea el objeto que necesitará el presentador durante la función.

LOS MÚSICOS

NOMBRE: FECHA:

Ficha 14

- Observa y describe la imagen: ¿Quiénes son estas personas? ¿Qué hacen? ¿Cómo se llaman los objetos con los que hacen música?
- Une a cada músico con el instrumento que está tocando.

LOS PAYASOS

NOMBRE: FECHA:

Ficha 15

- Observa los dibujos y descríbelos: ¿Son iguales los payasos? ¿Cuál es el payaso más alto? ¿Cuál es el más bajo?
- Colorea de color azul la chaqueta del payaso más alto y de color rojo la del payaso más bajo.

POESÍA

¿CÓMO SE DIBUJA UN PAYASO?

MELENA DE PELO TIESO
POR TRAVIESO.
UNA PELOTA DE PING PONG
ES LA NARIZ
Y UNA SONRISA DESDENTADA
DE FELIZ.

EL IMPORTANTE SEÑOR PAYASO
SE PONE TRISTE
SI NO LE HACES CASO.

G. FUERTES (FRAGMENTO)

NOMBRE: FECHA:

Ficha 16

- Escucha y aprende la poesía: *¿Cómo se dibuja un payaso?*
- Colorea el payaso más parecido al del poema.

LOS MALABARISTAS

1	2

1	2

NOMBRE: FECHA:

Ficha 17

- Observa la ficha: ¿Qué número es? ¿Qué personaje aparece? ¿Qué está haciendo? ¿Cuántos platos hay en cada imagen?
- Colorea el número 2.
- Repasa el número correspondiente en cada caso.

LOS ACRÓBATAS

NOMBRE: FECHA:

Ficha 18

- Observa los dibujos: ¿Qué están haciendo?
- Une a cada acróbata con su sombra.

LOS DOMADORES

NOMBRE: FECHA:

Ficha 19

- Observa las imágenes: ¿Cómo se llaman estos animales? ¿Y las personas que están con ellos? ¿Son iguales los elefantes?
- Colorea la piel del elefante pequeño de color gris.
- Rasga trocitos de papel y pégalos sobre el elefante grande.

LOS ANIMALES

1	2

1	2

1	2

NOMBRE: FECHA:

Ficha 20

- Observa la imagen y descríbela: ¿Qué animales aparecen?
- Cuenta los animales que hay en cada grupo y colorea la casilla que indica cuántos hay.

EL MAGO

NOMBRE: FECHA:

TROQUELADO

Ficha 21

- Observa el personaje y descríbelo: ¿Quién es? ¿Cómo va vestido? ¿Qué hace? ¿Para qué usará la varita?
- Pica la chistera por la línea de puntos; pasa el conejo de los troquelados por detrás, y juega a esconderlo y sacarlo de la chistera.

EL FORZUDO

NOMBRE: FECHA:

Ficha 22

- Observa y describe las imágenes: ¿Qué está haciendo este personaje? ¿Sabes cómo se llama?
- Busca las dos diferencias y rodéalas en la imagen del punto azul.

LOS OBJETOS DE LOS ARTISTAS

NOMBRE: FECHA:

Ficha 23

- Observa la primera serie: ¿Qué viene después del sombrero de payaso? ¿Cómo continúa? ¿Y las otras series?
- Completa las series con las pegatinas.

PEGATINAS

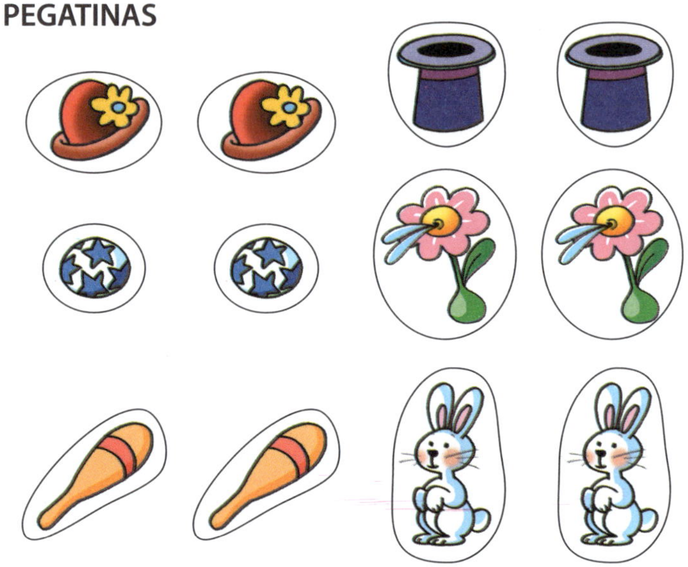

EL FINAL DE LA FUNCIÓN

NOMBRE: FECHA:

Ficha 24

- Observa la escena y descríbela: ¿Quiénes aparecen? ¿Qué hace cada uno?
- Colorea una cara alegre para indicar si te gustan los números de los artistas del circo y una cara triste si no te gustan.

CUENTO

¡DE NUEVO EN MARCHA!

NOMBRE: FECHA:

TROQUELADOS

Ficha 25

- Escucha el cuento *¡De nuevo en marcha!*
- Pega las piezas de los troquelados para completar la escena del cuento.

DIBUJO DE UN CIRCO

(DESPUÉS DEL PROYECTO)

NOMBRE: FECHA:

Ficha 26

• Dibuja un circo según lo que has aprendido estos días.

¿QUÉ HEMOS APRENDIDO?

-

-

NOMBRE: FECHA:

Ficha 27

- ¿Qué habéis aprendido tú y tus compañeros sobre el circo? Comentadlo.
- Pega sobre la página el listado de las cosas que sabéis ahora.

EL CIRCO

ESTE ES EL TRABAJO QUE HEMOS HECHO SOBRE EL CIRCO. SI TENÉIS TIEMPO Y GANAS DE APRENDER MÁS COSAS ACERCA DEL TEMA, SOLO NECESITÁIS MIRAR ESTAS FICHAS CON ATENCIÓN.

______________________________ OS LAS EXPLICARÁ.

NOMBRE: FECHA:

Ficha 28

• Escribe tu nombre en esta carta.

6

13

23

10

25

21

USO LIBRE

660405 - El circo